まちごとチャイナ

Liaoning 008 Shenyangzhan

瀋陽駅と市街地

満鉄附属地と憧憬の「奉天」

Asia City Guide Production

【白地図】瀋陽

CHINA
遼寧省

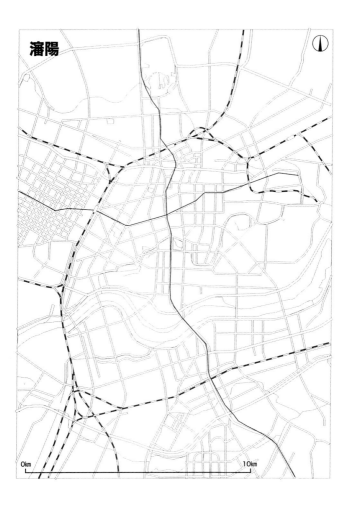

【白地図】瀋陽経済圏

CHINA
遼寧省

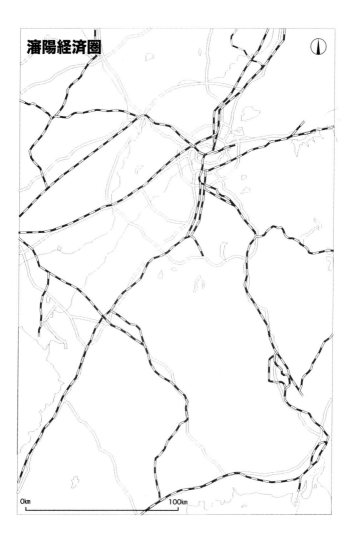

【白地図】市府広場

CHINA
遼寧省

市府広場

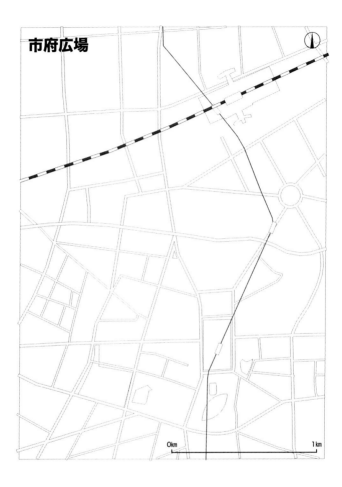

Shenyangzhan 白地図

【白地図】旧商埠地

CHINA
遼寧省

旧商埠地

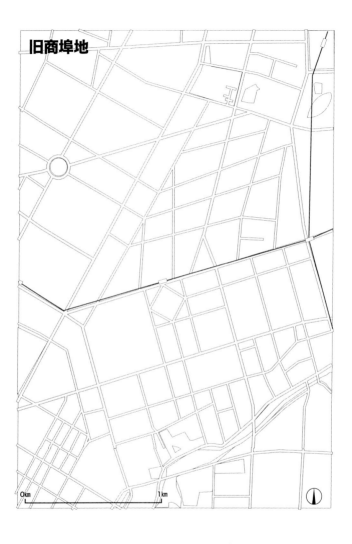

Shenyangzhan

白地図

【白地図】旧満鉄附属地

CHINA
遼寧省

旧満鉄附属地

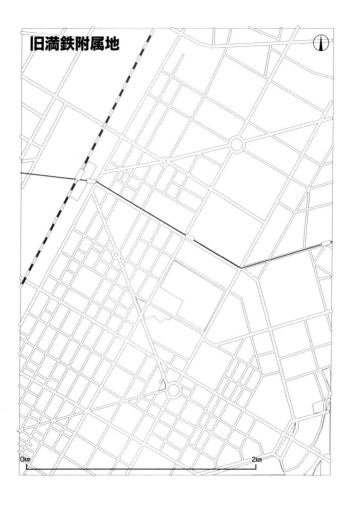

Shenyangzhan 白地図

【白地図】瀋陽駅

CHINA
遼寧省

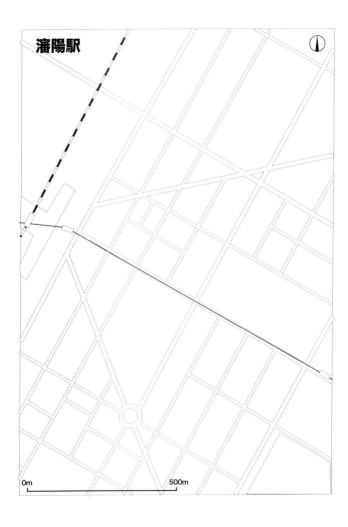

【白地図】中山広場

CHINA
遼寧省

中山広場

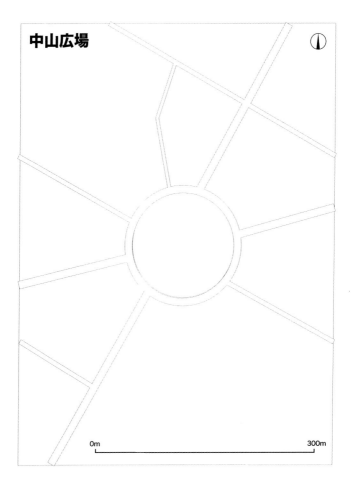

Shenyangzhan 白地図

【白地図】西塔街

CHINA
遼寧省

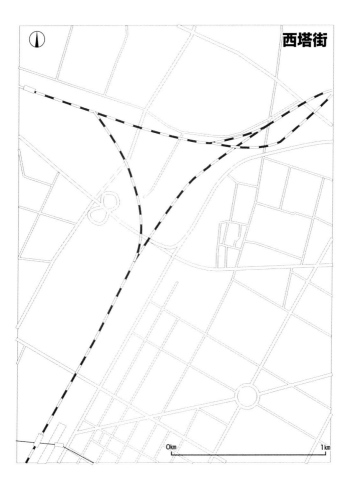

【白地図】鉄西地区

CHINA
遼寧省

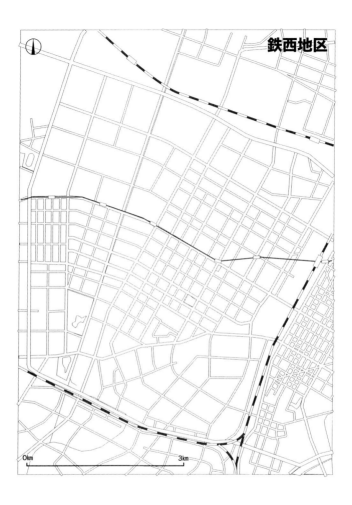

鉄西地区 Shenyangzhan 白地図

【白地図】鉄西新区

CHINA
遼寧省

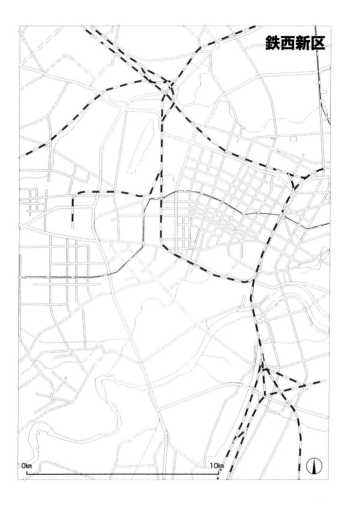

【白地図】瀋陽南部

CHINA
遼寧省

瀋陽南部

Shenyangzhan

白地図

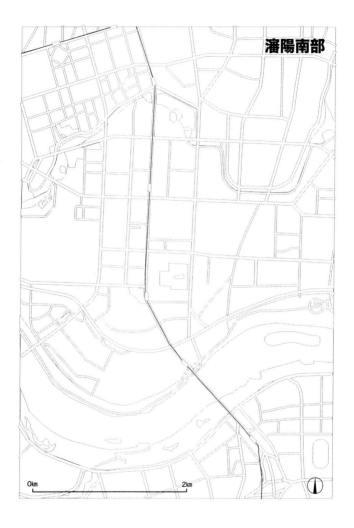

【白地図】渾南新区

CHINA
遼寧省

渾南新区

Shenyangzhan

白地図

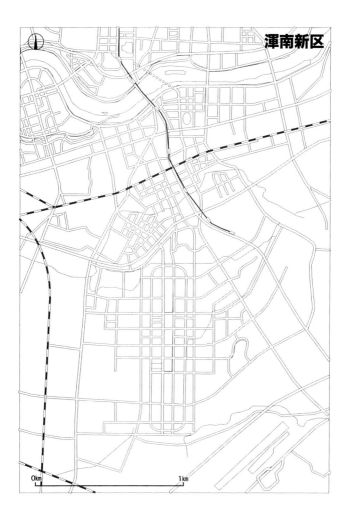

【まちごとチャイナ】
遼寧省 001 はじめての遼寧省
遼寧省 002 はじめての大連
遼寧省 003 大連市街
遼寧省 004 旅順
遼寧省 005 金州新区
遼寧省 006 はじめての瀋陽
遼寧省 007 瀋陽故宮と旧市街
遼寧省 008 瀋陽駅と市街地
遼寧省 009 北陵と瀋陽郊外
遼寧省 010 撫順

CHINA
遼寧省

瀋陽は瀋陽駅と瀋陽北駅を抱える東北屈指の交通の要衝で、この街から中国各地に鉄道が伸びている。赤レンガの瀋陽駅は日本統治時代の1910年に満鉄によって建設され、同時期に建てられた東京駅とたたずまいを同じくする。

瀋陽駅の東側に広がる地域が旧満鉄附属地で、当時、奉天と呼ばれたこの街には多くの日本人が暮らしていた。中山広場の周囲には満鉄時代の建築が今も残り、また瀋陽駅の西側の鉄西地区には満州国の経済を支えた工場がいくつもならんでいた。

沈阳站 shěn yáng zhàn
シェンヤンチャン 瀋陽駅と市街地
Shen Yang Zhan

　1949年の中華人民共和国成立後も、瀋陽は重工業都市としての歩みはじめたが、改革開放が遅れ、20世紀末には経済が停滞していた。こうしたなか21世紀に入ってから市街西部に鉄西新区、南部に渾南新区といった開発区がおかれ、新たな発展を見せている。

【まちごとチャイナ】

遼寧省 008 瀋陽駅と市街地

目次

瀋陽駅と市街地	xxvi
東北随一の都市の歩み	xxxii
市府広場城市案内	xxxix
旧商埠地城市案内	lii
旧附属地城市案内	lx
瀋陽西部城市案内	lxxxvi
瀋陽南部城市案内	xcvii
近代奉天から瀋陽へ	cix

【MEMO】

【地図】瀋陽

【地図】瀋陽の [★★★]
- ☐ 瀋陽（南）駅 沈阳南站シェンヤンナンチャン

【地図】瀋陽の [★★☆]
- ☐ 市府広場 市府广场シイフウガァンチャン
- ☐ 太原街 太原街タイユゥエンジエ
- ☐ 皇姑屯 皇姑屯フゥアングゥウトゥン

【地図】瀋陽の [★☆☆]
- ☐ 青年大街 青年大街チンニェンダァジエ
- ☐ 鉄西地区 铁西区ティエシィチュウ
- ☐ 瀋陽鋳造博物館 沈阳铸造博物馆シェンヤンチュウザオボォウゥグァン
- ☐ 渾河 浑河フンハァ
- ☐ 渾南新区 浑南新区フゥンナンシンチュウ
- ☐ 瀋陽奥林匹克体育中心体育場 沈阳奥林匹克体育中心体育场シェンヤンアオリンピィィカァテイユゥチョンシンティユゥチャン

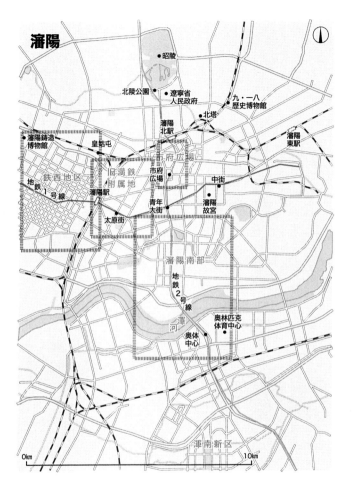

瀋陽駅と市街地

東北随一の都市の歩み

CHINA
遼寧省

戦前、奉天と呼ばれていた瀋陽
瀋陽駅を中心とする地域は満鉄によって開発された経緯があり
現在はそこから市街の拡大が続いている

街の変遷

1898年、ロシアが清朝からの鉄道の敷設権を獲得すると、ハルビンから大連、旅順にいたる鉄道路線が瀋陽旧市街の西側に敷かれた(東清鉄道南部支線)。1905年、日露戦争に勝利した日本はこの鉄道を譲り受け、当時、荒地だった瀋陽駅前を満鉄付属地として整備した。故宮のある瀋陽城に満州族、また満鉄附属地に日本人が暮らし、その両者のあいだに外国人や漢族が暮らす商埠地がおかれて市域が拡大した。こうした街の拡大は人口増加とともにさらに進み、現在は市街の周囲に開発区が姿を見せている。

▲左　高層ビルが立つ遼寧省の省都。　▲右　東京駅を彷彿とさせる瀋陽駅、日本人による設計

憧憬の奉天

瀋陽の旧称奉天は、清代の1657年に奉天府（天帝の命をを奉ずる府）がおかれたことにちなみ、日本統治時代もこの街は東北地方随一の都だった（ハルビンや大連といった新しい都市を築いたロシアに対して、満鉄は石炭の撫順や鉄鋼の鞍山への地の利がある瀋陽を重視した）。とくに1868年の明治維新後の人口問題や失業問題、食料や資源の確保から、日本は満州へ進出し、1906〜1932年の満鉄時代、1932〜45年の満州国時代を通じて多くの日本人がこの街に暮らしていた。

CHINA
遼寧省

▲左　瀋陽駅前の様子、日本統治時代に整備された。　▲右　瀋陽は東北屈指の交通の要衝、中国各地へ線路が伸びる

新たな胎動

石炭の撫順や製鉄の鞍山を近郊に抱える瀋陽は、戦前の満洲国時代から重工業都市として知られていた。20世紀末に経済が停滞することもあったが、現在ではかつての鉄西区を受け継ぐ鉄西新区、市街南部の渾南新区を中心に鉄、石炭、マグネシウム、機械、ハイテクなどさまざまな分野で研究開発が進められている。鉄西新区は営口を外港とするほか、鞍山や遼陽、鉄嶺などの都市が150km圏内に集中することから瀋陽を中心に珠江デルタ、長江デルタ、渤海湾経済圏につぐ第4の経済圏が構成されようとしている。

【MEMO】

【MEMO】

CHINA
遼寧省

瀋陽経済圏

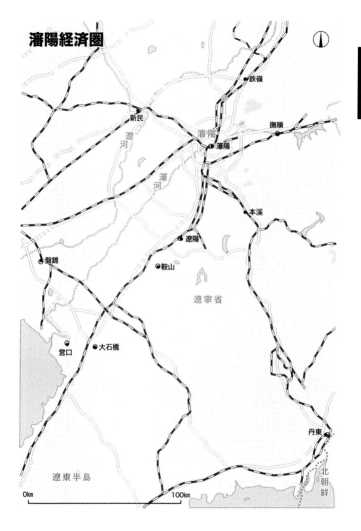

Shenyangzhan

東北随一の都市の歩み

【MEMO】

CHINA
遼寧省

Guide,
Shi Fu Guang Chang
市府広場
城市案内

清代、瀋陽外城の小西辺門がおかれていた市府広場
東西の軸と南北の軸が交わる市街中心に位置し
博物館や国際展示場など巨大建築が周囲にならぶ

市府広場 市府广场
shì fǔ guǎng chǎng シイフウガァンチャン [★★☆]

瀋陽故宮と瀋陽駅を結ぶ市府大路と北陵へ続く青年大街が交わる市府広場。ちょうど瀋陽市街のへそにあたり、周囲には政府関係の建物などがならぶ。また広場には瀋陽を象徴する「図騰鳥」をかたどった黄金のモニュメントが立ち、陽陽と呼ばれている（市北の新楽遺跡から発掘された木の彫刻）。広場北側には1600議席の大会議場を備える瀋陽市国際会議場、南東側にオペラハウス、小劇場、映画館、博物館を備えた文化芸術センターも姿を現した。

【地図】市府広場

【地図】市府広場の［★★☆］
- [ ] 市府広场 市府广场 シイフウガァンチャン
- [ ] 遼寧省博物館 辽宁省博物馆 リャオニンシェンボォウゥグァン
- [ ] 実勝寺 实胜寺 シィシェンスー

【地図】市府広場の［★☆☆］
- [ ] 青年大街 青年大街 チンニェンダァジエ
- [ ] 皇寺路 皇寺路 ファンスールゥ
- [ ] 瀋陽北駅 沈阳北站 シェンヤンベイチャン
- [ ] 旧京奉鉄路瀋陽総駅 辽宁总站旧址 リャオニンゾンチャンジュウチィ
- [ ] 旧在奉天日本領事館 日本驻奉天总领事馆旧址 リィベンチュゥフェンティエンゾンリンシィグァンジュウチィ
- [ ] 旧奉天郵務管理局 奉天邮务管理局旧址 フェンティエンヨォオウゥグァンリイジュウジュウチィ

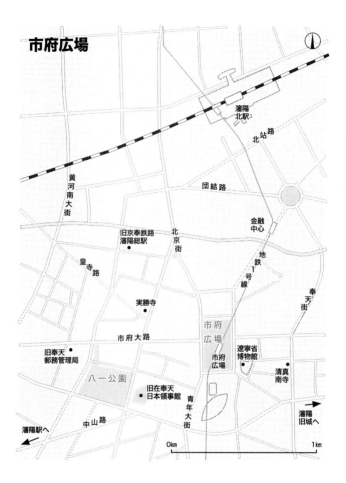

遼寧省

遼寧省博物館 辽宁省博物馆 liáo níng shěng bó wù guǎn
リャオニンシェンボォウゥグァン ［★★☆］

1949年に開館し、東北地方を代表する収蔵品をほこる遼寧省博物館。今から7200年前にさかのぼる新楽遺跡（北陵近く）から出土した遺物はじめ、貨幣、陶磁器、刺繍、彫刻、青銅器、渤海の遺物、明清代の玉器などが展示されている（唐代の周昉之の美人画『簪花仕女図』、マテオ・リッチによる『両儀玄覧図』といった貴重品も見られる）。漢族、満州族、モンゴル族などの争奪の地であったこの地の歴史や文化を辿ることができるほか、遼寧大劇院も併設されている。

▲左　円形の奇抜なデザインをした方圓大廈。　▲右　遼寧省博物館と隣接する遼寧大劇院

青年大街 青年大街
qīng nián dà jiē チンニェンダァジエ　[★☆☆]

青年大街は清朝皇帝の眠る北陵と渾南新区を結ぶ南北の大通り。20世紀になってから整備が進み、現在ではこの街有数の通りとなっている（市府広場が瀋陽外城の小西辺門にあたり、青年大街駅から南東に斜めに走る道路は楕円形の外城の名残り）。

実勝寺 实胜寺 **shí shèng sì シィシェンスー**　[★★☆]

実勝寺はホンタイジが1636年、内蒙古東部の平定を記念し

CHINA
遼寧省

て建立したチベット仏教寺院。この年、ホンタイジは満州族、漢族、モンゴル族から推挙されて清朝を樹立し、チベット仏教がこれらの民族をつなぐ宗教となった。こうした経緯から、実勝寺は東北地方のチベット仏教寺院でもっとも高い格式をもち、中軸線に山門、天王殿、大殿がならぶ中国の伝統的な建築様式をもつ（黄金の瑠璃瓦がふかれ、タルチョがはためくこの寺は、皇寺とも呼ばれ、1726年に改修されている）。また日露戦争の奉天会戦後に日本の軍司令部がここにおかれたという歴史もある。

▲左　チベット仏教寺院の実勝寺。　▲右　大型施設が姿を見せる市府広場周辺

皇寺路 皇寺路 huáng sì lù ファンスールゥ ［★☆☆］

実勝寺から北西へ伸びる皇寺路は、今の瀋陽旧市街が築かれた清代の創建にさかのぼる。鉄道の敷かれていなかった清代、南満州を南北に流れる遼河が交通の大幹線となっていて、皇帝の命で瀋陽故宮から遼河にいたる皇寺路が建設された（御路と呼ばれた）。当時、瀋陽北西部は渾河やその支流がつくる湿地帯が広がり、美しいたたずまいを見せる永安橋もこのときに架けられた。

遼寧省

瀋陽北駅 沈阳北站
shěn yáng běi zhàn シェンヤンベイチャン [★☆☆]

瀋陽南駅がてぜまになったことを受けて、1990年に竣工した瀋陽北駅。高速鉄道で中国各地と結ばれ、多くの人が行き交う。またこの瀋陽北駅の周囲はビジネス街となっていて、大型ホテルや方圓大厦などが位置する。

旧京奉鉄路瀋陽総駅 辽宁总站旧址 liáo níng zǒng zhàn jiù zhǐ リャオニンゾンチャンジュウチィ ［★☆☆］

旧京奉鉄路瀋陽総駅は、張作霖がアメリカ、イギリス、オランダの資本協力を得て、満鉄に対抗すべくつくった鉄道駅。満鉄に並行するように線路が敷かれ、瀋陽から営口までの運賃を低額にしたことで、満鉄と積出港大連に打撃をあたえた（運賃収入や遼西の農産物の運搬で威力を発揮した）。

満鉄平行線とは

近代、イギリスの京奉鉄道、ロシアの東清鉄道、日本の南満

CHINA
遼寧省

鉄が走り、満州の利権をめぐって各国の思惑が交錯していた。満鉄は満州を南北に縦断し、大豆などの農産物、鉱物を大連へと運び出すことで多大な利益を得ていた（遼河の水運を利用した伝統的な運搬を満鉄が奪った）。こうしたなか、中国側は満鉄の瀋陽駅の東西に駅をつくり、錦州葫蘆島に新たに港を整備して満鉄包囲網を敷いた。二十一ヵ条要求を突きつけ、中国権益の獲得を目指す日本に対して、排日の雰囲気が高まり、やがて1928年の張作霖爆殺、1931年の満州事変へとつながっていった。

▲左　瀋陽は中国有数の大都会でもある。　▲右　旧在奉天日本領事館、吉田茂は奉天総領事をつとめた経歴をもつ

旧在奉天日本領事館 日本驻奉天总领事馆旧址
rì běn zhù fèng tiān zǒng lǐng shì guǎn jiù zhǐ
リィベンチュゥフェンティエンゾンリンシィグァンジュウチィ [★☆☆]

瀋陽に暮らす邦人の保護や中国政府との折衝にあたった旧在奉天日本領事館。日本の瀋陽進出は日露戦争の1905年以来のことで、当時、軍政がしかれていたが、1907年には領事館が開かれた。当初の建物が老朽化したのち、この地に遷され、関東都督府、満鉄、領事館（日本の外務省）という複雑な力関係のなか、業務にあたった。戦後、総理大臣となる吉田茂は奉天総領事をつとめた経歴をもつ。

旧奉天郵務管理局 奉天邮务管理局旧址
fèng tiān yóu wù guǎn lǐ jú jiù zhǐ
フェンティエンヨォオウゥグァンリイジュウジュウチィ [★☆☆]

市府大路にそって残る旧奉天郵務管理局。張作霖時代の1927年に建てられ、時計塔をもつこの建物は商埠地のランドマークとなっていた。

Guide,
Shang Bu Di
旧商埠地
城市案内

遼寧省

旧市街と瀋陽駅のある満鉄附属地のあいだにおかれた商埠地
ここでは外国人の自由な商業活動が認められ
当時、建てられた近代建築がいくつも残る

近代に発展した商埠地

1906年以降、満鉄が獲得した付属地の開発が進むと、清朝はそれに対抗するかたちで外国人の商業活動を認め、1908年からこの地の開発をはじめた。この流れは清朝滅亡後の張作霖政権時代も続き、1920年代には多くの欧米人や漢族の官吏や商人が自由な商業活動を行ない、日本、イギリス、アメリカ、ドイツ、フランス、イタリア、ソ連の各国領事館が集中した。2階建て、3階建ての西欧風の中華バロックと呼ばれる建築が現れ、旧市街と満鉄附属地を結ぶ性格をもつようになった。

十一緯路 十一纬路
shí yī wěi lù シィイーウェイルゥ [★☆☆]

十一緯路は瀋陽駅と故宮を結ぶ瀋陽の東西の大動脈(満鉄附属地と旧市街を結んだ)。香港上海銀行、花旗銀行シティバンクなどが支社を構え、瀋陽の金融の中心地となっていた。各国が進出したことから、西欧風の建築がならぶようになった。

【地図】旧商埠地

【地図】旧商埠地の ［★★☆］
- [ ] 市府広場 市府广场 シィフウガァンチャン
- [ ] 中山広場 中山广场 チョンシャングァンチャン

【地図】旧商埠地の ［★☆☆］
- [ ] 十一緯路 十一纬路 シィイーウェイルゥ
- [ ] 旧香港上海銀行 香港上海银行旧址 シャングァンシャンハイインハンジュウチィ
- [ ] 旧花旗銀行 美国花旗银行旧址 メイグゥオファアチィインハンジュウチィ
- [ ] 青年大街 青年大街 チンニェンダァジエ
- [ ] 遼寧広播電視塔 辽宁广播电视塔 リャオニングァンボォディエンシイタァ
- [ ] 南運河 南运河 ナンユンハァ

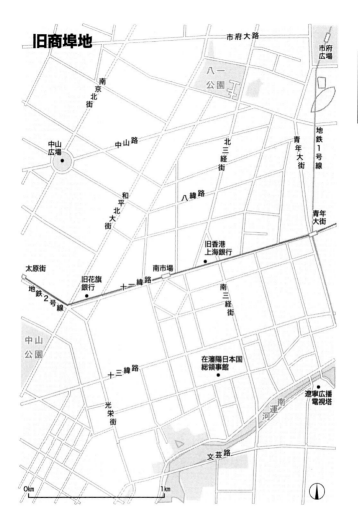

遼寧省

旧香港上海銀行 香港上海银行旧址
xiāng gǎng shàng hǎi yín háng jiù zhǐ
シャングァンシャンハイインハンジュウチィ ［★☆☆］

香港上海銀行はアヘン戦争後の1865年に香港で設立されたイギリス系の銀行。軍費や鉄道建設費を貸しつけるなど、中国や東アジアでの植民地経営をになった（清朝もその顧客となっていた）。瀋陽の旧香港上海銀行は1932年に建てられ、5階建ての堂々としたたたずまいを見せている。

▲左　瀋陽にはレトロな建築がいくつも残る。　▲右　瀋陽名物とも言えた煙突、日本統治時代に開発された

旧花旗銀行 美国花旗银行旧址
měi guó huā qí yín háng jiù zhǐ
メイグゥオファアチィインハンジュウチィ ［★☆☆］

花旗銀行はアメリカのシティバンクの中国名で、この建物は1928年に創建された。正面には西欧古典建築を思わせる6本の柱が立つ。

遼寧省

紙幣の混乱と統一

20世紀初頭の中国東北地方では、清朝系の官営銀行、外資系や中国系の近代銀行、また銭荘、銭舗などの旧式の銀行などがそれぞれに紙幣を発行する状態だった（またハルビンではルーブルが、朝鮮に近い安東では鎮平銀が流通していた）。流通する紙幣は15、券の数は136もあったと言われたが、1932年の満州国建国とともに満州中央銀行が設立され、通貨も統一された。

Guide,
Man Tie Fu Shu Di
旧附属地
城市案内

CHINA
遼寧省

瀋陽駅を中心に放射状に広がる旧満鉄附属地の街区
ここは大陸に進出した日本人によって開発され
当時の建築が今でも使われている

満鉄附属地とは

中国側に行政権の行使を認めさせ、日本の植民地に準ずる性格をもっていた満鉄附属地（鉄道沿線の幅62mに軍を配置することも認められ、日露戦争でロシアから受け継がれた）。1906年に満鉄が設立されると、満州経営の中核として大連とともに瀋陽が重視され、ここに日本資本の銀行や百貨店、商店などが進出した。満鉄附属地では電気やガス、上下水道などのインフラが整備され、日本内地よりも近代的で豊かな生活を過ごすことができたという。

Shenyangzhan 旧附属地城市案内

満鉄附属地の構成

旧満鉄附属地は瀋陽駅から東に伸びる中華路(瀋陽大街)を軸に格子状の街区をもつ。またこれに変化をつけるため、幅27m(15間)の中山路(浪速通り)と民主路が斜めに走り、当時の日本では見られない円形広場が配置されていた(南北を街、東西を路とし、幅38m以上が大街、大路)。この満鉄附属地では都市の景観をたもつため、レンガづくりの洋風建築が街を彩ることになった。

【地図】旧満鉄附属地

【地図】旧満鉄附属地の [★★★]
- [ ] 瀋陽（南）駅 沈阳南站 シェンヤンナンチャン

【地図】旧満鉄附属地の [★★☆]
- [ ] 太原街 太原街 タイユゥエンジエ
- [ ] 中山広場 中山广场 チョンシャングァンチャン
- [ ] 西塔街 西塔街 シイタァジエ

【地図】旧満鉄附属地の [★☆☆]
- [ ] 鉄西地区 铁西区 ティエシィチュゥ
- [ ] 南湖公園 南湖公园 ナンフゥゴンユェン

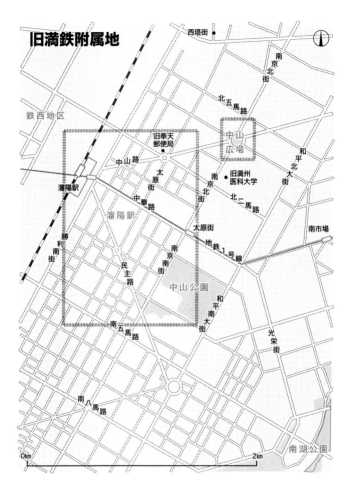

【地図】瀋陽駅

【地図】瀋陽駅の [★★★]
- [ ] 瀋陽(南)駅 沈阳南站 シェンヤンナンチャン

【地図】瀋陽駅の [★★☆]
- [ ] 太原街 太原街 タイユゥエンジエ

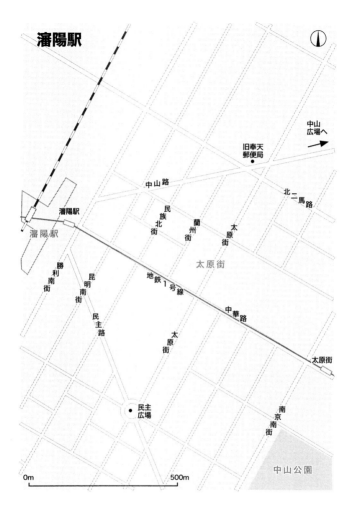

遼寧省

瀋陽(南)駅 沈阳南站
shěn yáng nán zhàn シェンヤンナンチャン [★★★]

瀋陽駅は1910年に満鉄によって建設され、当時の東北地方最大規模の駅舎として知られていた。赤レンガの壁面に白色の柱を装飾にもちいる辰野式の外観をもち、同時期に建てられた東京駅、旧ソウル駅などと類似している(19世紀後半にイギリスで流行し、辰野金吾の弟子である太田毅によって設計された。瀋陽駅のほうが東京駅よりも4年早く竣工している)。瀋陽北駅の開業で瀋陽南駅とも呼ばれ、21世紀になって保存と再開発が進んでいる。また瀋陽駅前広場は戦前

からの伝統があり、ジャパン・ツーリスト・ビューロー（現JTB）が 1912 年に瀋陽駅前に創設され、日本からの旅行客を満州へ運んだ。

中国東北地方の鉄道建設

大量長距離輸送ができる鉄道は、産業の発達、沿線の開発をともない、産業革命の要となっていた。中国東北地方では、東方進出を目指すロシアが 1896 年に東清鉄道の建設を認めさせ、さらにハルビンから大連、旅順まで南北に鉄道が縦断した（沿線に軍が駐屯したのが付属地のはじまり）。1900 年、

義和団事件が起こると、その鎮圧にあたって、ロシアは満州の主要都市を占領した。一方、中国東北部で権益の衝突する日本とロシアは1904年に日露戦争に突入し、1905年、ロシアの東清鉄道の南部支線が日本に引き渡され、満鉄となった。

太原街 太原街 tài yuán jiē タイユゥエンジエ［★★☆］

瀋陽駅から近く、鉄道と平行するように走る太原街は、瀋陽でもっともにぎわいを見せる通り。大型店舗がずらりとならぶなど、商業施設やホテルが集中している。日本統治時代の旧称は春日町で、奉天の銀座と呼ばれていた（中山路と交

▲左　毛沢東の像が立つ中山広場。　▲右　太原街あたりは瀋陽でもっともにぎわうところ

わるところに旧奉天郵便局が位置するなど、近くには当時の建築がいくつも残る)。

中山広場 中山广场 zhōng shān guǎng chǎng
チョンシャングァンチャン ［★★☆］

1913年に整備され、満鉄附属地の中心にあたった円形の中山広場。直径90mの広場の周囲には1920年代、日本人建築家によって建てられた旧ヤマトホテル、旧満鉄奉天医院、旧奉天警察署、旧東洋拓殖ビルといった建物がずらりとならぶ(中山広場建築群と呼びならわされる)。当時は、日露戦役記

【地図】中山広場

【地図】中山広場の ［★★☆］
- [ ] 中山広場 中山广场 チョンシャングァンチャン

【地図】中山広場の ［★☆☆］
- [ ] 旧ヤマトホテル 大和旅馆旧址
  ダァハァリュゥグァンジュウチィ
- [ ] 旧横浜正金銀行 横滨正金银行旧址
  ヘンビンチェンジンインハンジュウチィ
- [ ] 旧東洋拓殖株式会社 东洋拓殖株式会社旧址
  ドンヤントゥオチィチュウシィフイシェジュウチィ

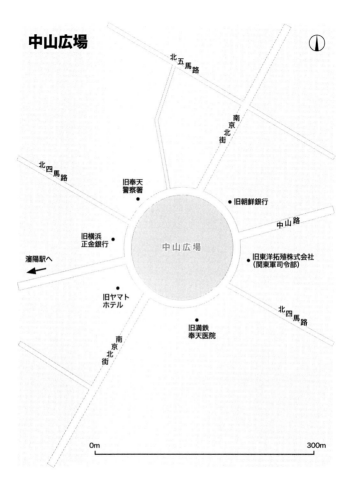

CHINA
遼寧省

念碑があったが、現在は毛沢東像が立てられている。

旧ヤマトホテル 大和旅馆旧址
dà hé lǚ guǎn jiù zhǐ ダァハァリュゥグァンジュウチィ[★☆☆]
中山広場の一角に立つ遼寧賓館は、1927年に満鉄によって建設された旧ヤマトホテルを前身とする。当時、世界各国からの賓客を迎えるため、ホテルは迎賓館の役割を果たし、日本の国力を示すため、採算度外視でシャンデリアや大理石で装飾された。外観、内部とも当時の面影をとどめている。

▲左　旧横浜正金銀行、現在も銀行として使われている。　▲右　旧ヤマトホテル、日本の国力を示した

旧横浜正金銀行 横浜正金銀行旧址
héng bīn zhèng jīn yín háng jiù zhǐ
ヘンビンチェンジンインハンジュウチィ［★☆☆］

横浜正金銀行は外為を専門とする日本の国策会社で、軍事費や紙幣の発行なども行なった。満鉄は横浜正金銀行からの借款を受けることで鉄道建設を進めた（商売をする日本人にも金を貸しつけた）。香港上海銀行などとならぶ世界三大銀行にあげられていたが、終戦後、解体された。

CHINA
遼寧省

旧東洋拓殖株式会社 东洋拓殖株式会社旧址
dōng yáng tuò zhí zhū shì huì shè jiù zhǐ
ドンヤントゥオチィチュウシィフイシェジュウチィ [★☆☆]

中山広場の一角に立つ東洋拓殖株式会社。東洋拓殖株式会社は朝鮮で設立され、日本や朝鮮から満州に移民を送る事業などを行なっていた。また満鉄や付属地の警備にあたるために配備されていた関東軍の司令部がここにおかれ、やがて満州事変が勃発した（旅順にあった関東軍司令部が臨時にこちらに遷されていた）。

関東軍が拠点とした瀋陽館

板垣征四郎、石原莞爾など関東軍の幹部は、旧ヤマトホテルの裏手（南東）にあった日本旅館の瀋陽館2階を拠点としていた。1928年に張作霖を爆殺した河本大作も瀋陽館にいることが多く、満州事変の計画などもここで行なわれた（瀋陽郊外で満鉄を爆破し、中国側のしわざと見せかけて軍事行動を開始した）。

旧満鉄鉄道総局 满铁铁路总局旧址 mǎn tiě tiě lù zǒng jú jiù zhǐ
マンティエティエルゥゾンジュウジュウチィ ［★☆☆］

19世紀に鉄道が敷かれて以来、東北各地へ通じる線路が瀋陽に集まっていた。1932年に満州国が建国されたあとの1933年、鉄道総局がここ瀋陽に設立され、この旧満鉄鉄道総局は実質的な満鉄の本社機能をもっていた（満州国から鉄道の建設、運営が満鉄に委託された）。1906年に創設された満鉄の本社は大連におかれていたが、満鉄第2代総裁中村是公の時代から瀋陽への本社移転が何度も計画されていたという経緯があった。

▲左　西塔街のネオン、ハングルがならぶ。　▲右　ここでは朝鮮料理を味わえる

西塔街 西塔街 xī tǎ jiē シイタァジエ ［★★☆］

西塔街は韓国、北朝鮮の人々が暮らすコリアタウンで、ハングル文字や北朝鮮の国旗が見られる。朝鮮人の満州進出は19世紀後半からで、1901年ごろから西塔に住みはじめ、とくに韓国が日本に併合されると移住が加速した（高麗時代から朝鮮の迎賓館が瀋陽におかれていたという歴史もある）。日本の満鉄附属地のインフラが整備されていたのに対して、その北側の西塔は生活環境が悪く、ここに暮らす多くの人々が貧困のなかにあった。西塔という名前は、もともと瀋陽旧市街を東西南北から鎮護する4つの塔のひとつ（延寿寺）に

【地図】西塔街

【地図】西塔街の [★★★]
- [ ] 瀋陽（南）駅 沈阳南站 シェンヤンナンチャン

【地図】西塔街の [★★☆]
- [ ] 太原街 太原街 タイユュエンジエ
- [ ] 中山広場 中山广场 チョンシャングァンチャン
- [ ] 西塔街 西塔街 シイタァジエ
- [ ] 皇姑屯 皇姑屯 フゥアングゥウトゥン

【地図】西塔街の [★☆☆]
- [ ] 旧満鉄鉄道総局 满铁铁路总局旧址 マンティエティエルゥゾンジュウジュウチィ

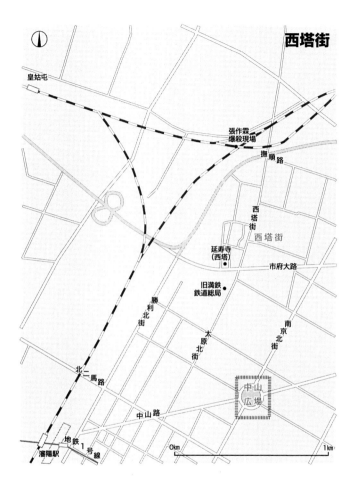

遼寧省

由来し、崩壊していたが、1998年に復元された。

中国朝鮮族とは

吉林省、遼寧省、黒竜江省といった中国東北地方に暮らす朝鮮族は、中国朝鮮族と呼ばれ、とくに吉林省の延辺朝鮮族自治州では伝統的な文化を保持する人々が見られる。朝鮮族が中国東北地方に進出しはじめたのは19世紀後半ごろで、1869年に起こった朝鮮北部の自然災害をきっかけに、肥沃な土地を求めて移住してきた。また韓国が日本に併合され、1930年代に満州国が樹立されると、満州を開拓するという

日本の政策で集団移民が送られた（職業の紹介、金の貸し付け、農場の建設などが東洋拓殖株式会社によって行なわれた）。このときの朝鮮族の農民や商人の子孫が瀋陽の中国朝鮮族の母体となっている。

朝鮮料理と中国料理

朝鮮料理と中国料理には、油の量や唐辛子の使いかたなどでいくつかの異なる特徴がある。朝鮮料理がわらびや豆もやし、ツルニンジンなどの山菜を使うのに対して中国料理では白菜やねぎ、ナスなどの栽培野菜が使われる。豚肉や淡水魚を好

CHINA
遼寧省

む中国料理に対して、朝鮮料理では牛肉や狗肉、さばやスケトウダラなどの海の魚を食材とする。また朝鮮料理では、雑穀の入ったおかゆなども多く見られる。

皇姑屯 皇姑屯
huáng gū tún フゥアングゥトゥン [★★☆]
皇姑屯は1928年、排日の姿勢を強める奉天軍閥の張作霖を日本軍が爆殺した地点。北京にいた張作霖は蒋介石の北伐を受けて地元瀋陽に引き返し、6月4日、張作霖を乗せた列車は瀋陽駅をまじかにして徐行を開始した。ここで日本の軍部

▲左　張作霖の子張学良は蒋介石を軟禁し西安事件の当事者となった。　▲右　旧満鉄鉄道総局、堂々としたたたずまい

によって列車が爆破され、200mも黒煙が空に舞い、張作霖は瀕死の状態で張氏帥府に運ばれたもののやがて息絶えた。この事件の首謀者は関東軍の河本大作で、「支配者がその本拠地で殺されるほどの治安の乱れ」を見せる意図があったという。皇姑屯はちょうど日露戦争で日本が獲得した満鉄線と、張作霖による中国鉄道が交差する「クロス地点」にあたり、満鉄線の警備を理由に関東軍が近づくことができた。この張作霖爆殺から1931年の満州事変、1932年の満州国建国へと続いていった。

遼寧省

満鉄線と交差する京奉線

京奉線は北京と中国東北地方を結ぶ鉄道として1903年に開通し、瀋陽西の新民まで路線が伸びていた。1904年に日露戦争が起こると、日本軍が新民と瀋陽郊外の小塔子にいたる軽便鉄道を修築し、1907年に清朝に回収された。この京奉線の瀋陽駅は当初、皇姑屯駅だったが、やがて瀋陽旧市街に隣接する旧京奉鉄路瀋陽総駅（市府広場近く）へと伸ばされた。このとき、京奉線は南北に走る満鉄線と上下交差することになり、皇姑屯のクロスポイントが生まれた。

Guide,
Shen Yang Xi Di Qu
瀋陽西部城市案内

CHINA
遼寧省

東北随一の重工業地帯として知られた鉄西区
現在はそこに隣接するかたちで開発区が整備され
多くの企業が拠点を構えている

鉄西地区 铁西区 tiě xī qū ティエシィチュゥ ［★☆☆］
鉄西地区は日本統治時代の1930年代から開発された工業地域で、かつては煙突から黒煙がわきあがる様子が瀋陽を象徴する姿だった（鉄道の西にあるところから鉄西）。新中国成立後の計画経済時代、ソ連の援助や国家の資金が集中的に投じられ、中国を代表する重工業地帯と知られていた。1960年代に中ソ関係が悪化し、他の地域が改革開放に転じるなか、鉄西地区の大型国有企業は老朽化して赤字を出し続ける負の存在となっていた（東北現象）。現在は煙突の多くがとり除かれ、鉄西新区として開発区がおかれ、新たな局面を迎えている。

Shenyangzhan

瀋陽西部城市案内

満州国の一大工業地帯

1932年に満州国が成立すると、農業国から工業国への転換が目指され、鉄西地区に石炭や鉄鋼、薬品をあつかう工場がおかれた（駅に隣接し、本渓、撫順、鞍山、鉄嶺といった鉄や石炭を産出する近隣都市から材料を集められた）。日系企業も多く進出し、ここは満州国で最大の重工業地帯となっていた。

【地図】鉄西地区

【地図】鉄西地区の [★★★]
- [ ] 瀋陽(南)駅 沈阳南站 シェンヤンナンチャン

【地図】鉄西地区の [★★☆]
- [ ] 皇姑屯 皇姑屯 フゥアングゥウトゥン

【地図】鉄西地区の [★☆☆]
- [ ] 鉄西地区 铁西区 ティエシィチュウ
- [ ] 瀋陽鋳造博物館 沈阳铸造博物馆 シェンヤンチュウザオボォウグアン

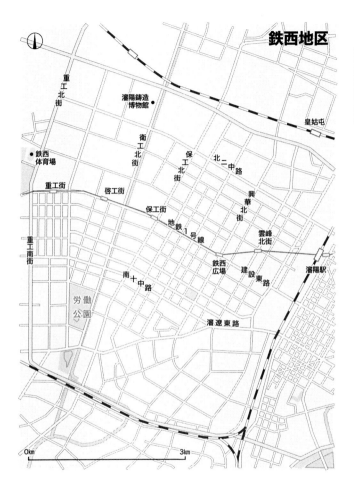

瀋陽鋳造博物館 沈阳铸造博物馆
shěn yáng zhù zào bó wù guǎn
シェンヤンチュウザオボォウゥグァン [★☆☆]

重工業の街として知られていた鉄西地区に立つ瀋陽鋳造博物館。満州国時代の1930年代から開発が進められた鉄西地区に関する展示が見られる。

鉄西新区 铁西新区 tiě xī xīn qū ティエシィシンチュウ [★☆☆]

戦前からの伝統をもつ鉄西地区に隣接して開発区が整備され、新たに鉄西新区がおかれることになった。研究所や企業

▲左　公園にそなえられた遊具。　▲右　20世紀、重工業の街として発展してきた瀋陽

が拠点とし、マグネシウム、冶金、化学工業、ハイテク産業などで瀋西工業回廊をつくっている。鉄西新区の特徴は瀋陽市街までわずかの距離で、長年、積み重ねられた技術力をもつこと。また瀋陽から150km圏内にある営口が外港として位置づけられている。

塔湾舎利塔 塔湾舎利塔
tǎ wān shè lì tǎ タァワンシェリィタァ　[★☆☆]

皇姑屯北側の港湾街に立つ塔湾舎利塔（無垢浄光舎利仏塔とも呼ばれる）。瀋陽に残る最古級の建造物で、遼代の1044年

【地図】鉄西新区

【地図】鉄西新区の ［★★★］
- [ ] 瀋陽（南）駅 沈阳南站 シェンヤンナンチャン

【地図】鉄西新区の ［★★☆］
- [ ] 皇姑屯 皇姑屯 フゥアングゥウトゥン

【地図】鉄西新区の ［★☆☆］
- [ ] 鉄西地区 铁西区 ティエシィチュウ
- [ ] 瀋陽鋳造博物館 沈阳铸造博物馆 シェンヤンチュウザオボォウゥグァン
- [ ] 鉄西新区 铁西新区 ティエシィシンチュウ
- [ ] 塔湾舎利塔 塔湾舎利塔 タァワンシェリィタァ
- [ ] 永安石橋 永安石桥 ヨンアンシイチャオ
- [ ] 大興朝鮮族郷 大兴朝鲜族乡 ダァシンチャオシャンズゥシャン
- [ ] 渾河 浑河 フンハァ

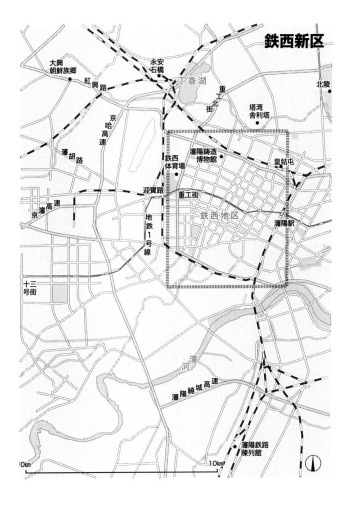

瀋陽西部城市案内

遼寧省

に創建された歴史をもつ。八角形13層の塔身の高さは30mあまりになり、かつては仏教伽藍もあったが、今では失われてしまった。

永安石橋 永安石桥 yǒng ān shí qiáo ヨンアンシイチャオ[★☆☆]
瀋陽西郊外の蒲河にかかる幅14.5m、長さ37mの永安石橋(美しい3つのアーチはスパン13mになる)。石彫の欄干がならび、アーチの壁面には龍の浮き彫りが見られる。清朝第2代皇帝ホンタイジの時代の1641年に石工の任朝貴によって架けられ、当時、ここは遼河から山海関へいたる街道が走って

▲左　サッカーなどの試合が行なわれる鉄西体育場。　▲右　鉄西では重工街、啓工街、保工街といった名前の駅が続く

いた。何人もの清代の文人がこの橋で詩をつくっている。

大興朝鮮族郷 大兴朝鲜族乡 dà xīng cháo xiān zú xiāng
ダァシンチャオシャンズゥシャン ［★☆☆］

瀋陽西郊外に位置し、朝鮮族が集住する大興朝鮮族郷。20世紀初頭、日本人が朝鮮人を使って開拓したことをはじまりとし、現在ではハングル文字、朝鮮語を話す人々、狗肉料理店などが見られる（狗肉城とも呼ばれ、ここに暮らす漢族は朝鮮語を話せる者が多いという）。また化学や電力などの工業施設が発達し、韓国系企業の投資区となっている。

Guide,
Shen Yang Nan Di Qu
瀋陽南部
城市案内

瀋陽市街から瀋陽桃仙国際空港へと続く瀋陽南部
遼寧広播電視塔や瀋陽奥林匹克体育中心体育場などが立ち
20世紀末から急速に開発が進む瀋陽の新たな姿

遼寧広播電視塔 辽宁广播电视塔
liáo níng guǎng bō diàn shì tǎ
リャオニングァンボォディエンシイタァ ［★☆☆］

瀋陽市街南部にそびえる高さ305.5mの遼寧広播電視塔。東北地区を代表する高層建築で、展望台から瀋陽の街を見渡すことができる。近くは緑豊かな緑地が広がる。

南運河 南运河 **nán yùn hé** ナンユンハァ ［★☆☆］

瀋陽市街南部を流れる南運河の両岸は、全長14.5kmに渡って緑化された公園や緑地が続く。古い渾河はこの南運河を河道

【地図】瀋陽南部

【地図】瀋陽南部の [★☆☆]

- ☐ 遼寧広播電視塔 播电视塔
  リャオニングァンボォディエンシイタァ
- ☐ 南運河 南运河ナンユンハァ
- ☐ 南湖公園 南湖公园ナンフゥゴンユェン
- ☐ 遼寧工業展覧館 辽宁工业展览馆
  リャオニンゴンユェチャンラングァン
- ☐ 三好街 三好街サンハオジエ
- ☐ 瀋陽科学宮 沈阳科学宫シェンヤンカァシュエゴン
- ☐ 渾河 浑河フンハァ
- ☐ 渾南新区 浑南新区フゥンナンシンチュウ
- ☐ 瀋陽奥林匹克体育中心体育場 沈阳奥林匹克体育中心体育场
  シェンヤンアオリンピイィカァテイユゥチョンシンティユゥチャン
- ☐ 青年大街 青年大街チンニェンダァジエ

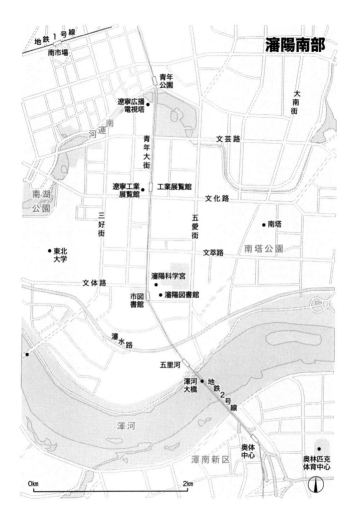

CHINA
遼寧省

としたとされ、この運河の陽(北側)が瀋陽と呼ばれた歴史をもつ。ゆったりとした空間のほとりには東北大学や、瀋陽旧市街をとり囲むように配置されたチベット仏教塔のひとつ南塔(広慈寺白塔)が立つ。

南湖公園 南湖公园
nán hú gōng yuán ナンフゥゴンユェン [★☆☆]
南運河を利用してつくられた緑豊かな南湖公園。降水量の少ない瀋陽にあって貴重な緑地となっている(日本時代から緑地の確保が計画された)。市民の憩いの場となっている。

▲左　巨大施設がいくつも立つ渾南新区。　▲右　渾河近くの高層ビル群、21世紀に入って開発が進んだ

遼寧工業展覧館 辽宁工业展览馆 liáo níng gōng yè zhǎn lǎn guǎn リャオニンゴンユェチャンラングァン [★☆☆]

遼寧工業展覧館は、新製品の紹介シンポジウムや展示会が行なわれるコンペションセンター。1960年に建設され、東北地方最大の市場をもつ瀋陽での大型展示会に使用されてきた。

三好街 三好街 sān hǎo jiē サンハオジエ [★☆☆]

瀋陽市街南部を南北に走る三好街。電脳街として知られ、各種電化製品やケーブルなどの周辺機器を扱う店がならぶ。

遼寧省

瀋陽科学宮 沈阳科学宫
shěn yáng kē xué gōng シェンヤンカァシュエゴン [★☆☆]

2000年に開設され、宇宙や航空、科学技術に関する展示が見られる瀋陽科学宮。教育、文化を発信する拠点となっていて、近くには瀋陽図書館が位置する。

渾河 浑河 hún hé フンハァ ［★☆☆］

瀋陽の街を東から西へと流れ、渤海に注ぐ全長415kmの渾河。瀋陽という地名は、古く瀋水と呼ばれた渾河の陽（北側）にあることに由来する（この河が瀋陽発祥となった）。瀋水という名前は遼代（916〜1125年）に見え、この地に移住させられた渤海の遺民が、故郷と同じ小川（瀋）が流れる瀋州と名づけたことにはじまるという。渾河はかつて遼河に通じ、上流の撫順方面から木材が運ばれるなど、ジャンク船を使った運搬が行なわれてきた。現在の河道となったのは1888年以降だとされ、古くは南運河が渾河と呼ばれていた。

【地図】渾南新区

【地図】渾南新区の [★☆☆]

- ☐ 渾河 渾河フンハァ
- ☐ 渾南新区 渾南新区フゥンナンシンチュウ
- ☐ 瀋陽奥林匹克体育中心体育場 沈阳奥林匹克体育中心体育场 シェンヤンアオリンピィィカァテイユゥチョンシンティユゥチャン

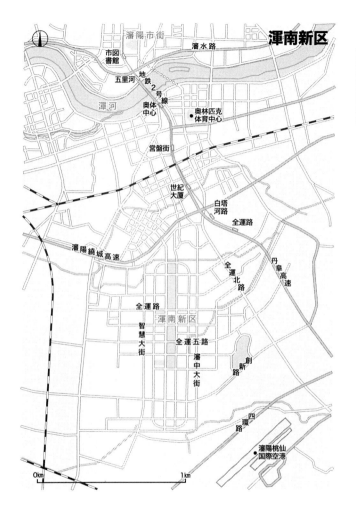

遼寧省

渾南新区 浑南新区
hún nán xīn qū フゥンナンシンチュウ　[★☆☆]

瀋陽南部は渾南新区として開発が進む新市街で、緑地が確保されるなどゆったりとした街並みが広がっている。ここでは外資の呼び込みだけでなく、地元企業の研究開発拠点がおかれ、科学技術の研究から事業化までを行なうとり組みがなされている（20世紀なかごろの計画経済のとき瀋陽は中国最先端を走っていたが、やがて国有企業の赤字が問題になり、それを打開すべく開発区がつくられた）。渾南新区の近くには張学良が1923年に建設した大学を前身とする東北大学、

瀋陽理工大学、瀋陽建築大学、瀋音芸術学院などの大学が位置する。

瀋陽奥林匹克体育中心体育場 沈阳奥林匹克体育中心体育场 **shěn yáng ào lín pǐ kè tǐ yù zhōng xīn tǐ yù chǎng シェンヤンアオリンピィィカァテイユゥチョンシンティユゥチャン** [★☆☆]
瀋陽故宮から伸びる南北の軸線上に位置する瀋陽奥林匹克体育中心体育場（瀋陽オリンピックスポーツセンタースタジアム）。2008年の北京オリンピックにあわせて建設され、サッカー競技がここで行なわれた。

近代奉天から瀋陽へ

20世紀初頭から多くの日本人が瀋陽に進出した
この街は奉天と呼ばれ
激動の近代史の舞台となってきた

各国の進出、満州争奪戦

清朝発祥の地にあたる満州は、長らく外部の者を寄せつけない封禁の地であったが、1895年、日清戦争で清朝が敗れると、欧米列強の進出が一気に進んだ。フランスが中国南部で、ロシアが東北で、ドイツが山東省で権益を獲得し、とくにシベリア鉄道を敷設したロシアはそれをハルビンから大連、旅順へと伸ばすことを認めさせた。この鉄道の南半分は日露戦争後の1905年、日本に引き渡され、満鉄経営のもと満州の鉱物や農産物が大連へ運び出された。1911年の辛亥革命で東北三省の実権が清朝から張作霖へ移るなか、東アジアへ進出

CHINA
遼寧省

するロシア、またそのロシアと戦っていたイギリス、国内の人口増加と食糧問題から満州進出を目指す日本などさまざまな国の思惑が交錯していた。

張作霖時代の瀋陽

張作霖は満州に跋扈する馬賊の頭目を出自とし、1911年の辛亥革命の混乱をへて、1916年には瀋陽を中心に東三省の実権を手にした（奉天軍閥）。すでに満鉄が獲得していた瀋陽駅東の付属地に対して、外国人商人の活動を認める商埠地を中心に、張作霖時代の1920年代に瀋陽は急速に近代化し

▲左 地下鉄が市街から郊外へ伸びる。 ▲右 瀋陽旧市街中街のにぎわい、清代以来の伝統をもつ

た。このとき張作霖政権の経済を支えたのが、大豆や奉天票の発行、質屋などで、満鉄に対抗するかたちで平行路線も敷かれた。1915年の日本による二十一ヵ条要求以降、排日の機運が高まり、日本の権益が脅かされることを懸念した関東軍による1928年の張作霖爆殺にいたった(張作霖爆殺後も事態が拡大するのを恐れた中国軍は手を出さなかった)。

張学良の易幟から満州事変へ

奉天軍閥は張作霖から息子の張学良に受け継がれることになった。日本は張学良を懐柔しようとしたが、1928年、張学良は

CHINA
遼寧省

易幟して蒋介石の国民党に合流し、反日の姿勢を明確にした。ひき続き瀋陽を拠点とした張学良は軍を近代化し、東北大学を設立して人材の育成にとり組んだ。一方で、排日運動などで手づまりになった日本は、1931年9月18日、瀋陽郊外の柳条湖で満鉄線を爆破し、これを中国軍のしわざとして軍事行動を開始した(満州事変)。張学良は錦州へ退却し、翌1932年、満蒙を中国から切り離して満州国が建国され、その執政には清朝のラストエンペラー愛新覚羅溥儀がつくことになった。その後の1936年、張学良は西安事件を起こし、蒋介石の国民党と毛沢東の共産党を結ぶ国共合作のきっかけをつくった。

Shenyangzhan 近代奉天から瀋陽へ

参考文献

『海を渡った日本人建築家』（西澤泰彦 / 彰国社）

『張作霖爆殺』（大江志乃夫 / 中央公論社）

『奉天駅の駅位置から見た瀋陽の都市構造』（尾形洋一 / 近代中国研究彙報）

『中国・瀋陽市におけるランドスケープ遺産の現状分析』（DENG Ge、服部 勉、進士五十八 / 東京農業大学農学集報）

『中国沈陽市における近代建築の保存とその利用に関しての考察』（張海星、福川裕一 / 日本建築学会関東支部研究報告集）

『瀋陽實勝寺の法会』（広川佐保 / 歴史と文化）

『見果てぬ夢』（星野直樹 / ダイヤモンド社）

『世界大百科事典』（平凡社）

[PDF] 瀋陽地下鉄路線図 http://machigotopub.com/pdf/shenyangmetro.pdf

[PDF] 瀋陽空港案内 http://machigotopub.com/pdf/shenyangairport.pdf

まちごとパブリッシングの旅行ガイド

Machigoto INDIA , Machigoto ASIA , Machigoto CHINA

【北インド - まちごとインド】

001 はじめての北インド
002 はじめてのデリー
003 オールド・デリー
004 ニュー・デリー
005 南デリー
012 アーグラ
013 ファテープル・シークリー
014 バラナシ
015 サールナート
022 カージュラホ
032 アムリトサル

【西インド - まちごとインド】

001 はじめてのラジャスタン
002 ジャイプル
003 ジョードプル
004 ジャイサルメール
005 ウダイプル
006 アジメール（プシュカル）
007 ビカネール
008 シェカワティ
011 はじめてのマハラシュトラ
012 ムンバイ
013 プネー
014 アウランガバード
015 エローラ
016 アジャンタ
021 はじめてのグジャラート
022 アーメダバード
023 ヴァドダラー（チャンパネール）
024 ブジ（カッチ地方）

【東インド - まちごとインド】

002 コルカタ
012 ブッダガヤ

【南インド - まちごとインド】

001 はじめてのタミルナードゥ
002 チェンナイ
003 カーンチプラム
004 マハーバリプラム
005 タンジャヴール
006 クンバコナムとカーヴェリー・デルタ
007 ティルチラパッリ
008 マドゥライ
009 ラーメシュワラム
010 カニャークマリ
021 はじめてのケーララ
022 ティルヴァナンタプラム
023 バックウォーター（コッラム～アラップーザ）
024 コーチ（コーチン）
025 トリシュール

【ネパール - まちごとアジア】

001 はじめてのカトマンズ
002 カトマンズ
003 スワヤンブナート

004 パタン
005 バクタプル
006 ポカラ
007 ルンビニ
008 チトワン国立公園

【バングラデシュ - まちごとアジア】

001 はじめてのバングラデシュ
002 ダッカ
003 バゲルハット（クルナ）
004 シュンドルボン
005 プティア
006 モハスタン（ボグラ）
007 パハルプール

【パキスタン - まちごとアジア】

002 フンザ
003 ギルギット（KKH）
004 ラホール
005 ハラッパ
006 ムルタン

【イラン - まちごとアジア】

001 はじめてのイラン
002 テヘラン
003 イスファハン
004 シーラーズ
005 ペルセポリス
006 パサルガダエ（ナグシェ・ロスタム）
007 ヤズド
008 チョガ・ザンビル（アフヴァーズ）
009 タブリーズ
010 アルダビール

【北京 - まちごとチャイナ】

001 はじめての北京
002 故宮（天安門広場）
003 胡同と旧皇城
004 天壇と旧崇文区
005 瑠璃廠と旧宣武区
006 王府井と市街東部
007 北京動物園と市街西部
008 頤和園と西山
009 盧溝橋と周口店
010 万里の長城と明十三陵

【天津 - まちごとチャイナ】

001 はじめての天津
002 天津市街
003 浜海新区と市街南部
004 薊県と清東陵

【上海 - まちごとチャイナ】

001 はじめての上海
002 浦東新区
003 外灘と南京東路
004 淮海路と市街西部
005 虹口と市街北部
006 上海郊外（龍華・七宝・松江・嘉定）
007 水郷地帯（朱家角・周荘・同里・甪直）

【河北省 - まちごとチャイナ】

001 はじめての河北省
002 石家荘
003 秦皇島
004 承徳
005 張家口
006 保定
007 邯鄲

【江蘇省 - まちごとチャイナ】

001 はじめての江蘇省
002 はじめての蘇州
003 蘇州旧城
004 蘇州郊外と開発区
005 無錫
006 揚州
007 鎮江
008 はじめての南京
009 南京旧城
010 南京紫金山と下関
011 雨花台と南京郊外・開発区
012 徐州

【浙江省 - まちごとチャイナ】

001 はじめての浙江省
002 はじめての杭州
003 西湖と山林杭州
004 杭州旧城と開発区
005 紹興
006 はじめての寧波
007 寧波旧城
008 寧波郊外と開発区
009 普陀山
010 天台山
011 温州

【福建省 - まちごとチャイナ】

001 はじめての福建省
002 はじめての福州
003 福州旧城
004 福州郊外と開発区
005 武夷山
006 泉州
007 厦門
008 客家土楼

【広東省 - まちごとチャイナ】

001 はじめての広東省
002 はじめての広州
003 広州古城
004 天河と広州郊外
005 深圳(深セン)
006 東莞
007 開平(江門)
008 韶関
009 はじめての潮汕
010 潮州
011 汕頭

【遼寧省 - まちごとチャイナ】

001 はじめての遼寧省
002 はじめての大連
003 大連市街
004 旅順
005 金州新区

006 はじめての瀋陽
007 瀋陽故宮と旧市街
008 瀋陽駅と市街地
009 北陵と瀋陽郊外
010 撫順

【重慶 - まちごとチャイナ】

001 はじめての重慶
002 重慶市街
003 三峡下り（重慶〜宜昌）
004 大足

【香港 - まちごとチャイナ】

001 はじめての香港
002 中環と香港島北岸
003 上環と香港島南岸
004 尖沙咀と九龍市街
005 九龍城と九龍郊外
006 新界
007 ランタオ島と島嶼部

【マカオ - まちごとチャイナ】

001 はじめてのマカオ
002 セナド広場とマカオ中心部
003 媽閣廟とマカオ半島南部
004 東望洋山とマカオ半島北部
005 新口岸とタイパ・コロアン

【Juo-Mujin（電子書籍のみ）】

Juo-Mujin 香港縦横無尽
Juo-Mujin 北京縦横無尽
Juo-Mujin 上海縦横無尽

【自力旅游中国 Tabisuru CHINA】

001 バスに揺られて「自力で長城」
002 バスに揺られて「自力で石家荘」
003 バスに揺られて「自力で承徳」
004 船に揺られて「自力で普陀山」
005 バスに揺られて「自力で天台山」
006 バスに揺られて「自力で秦皇島」
007 バスに揺られて「自力で張家口」
008 バスに揺られて「自力で邯鄲」
009 バスに揺られて「自力で保定」
010 バスに揺られて「自力で清東陵」
011 バスに揺られて「自力で潮州」
012 バスに揺られて「自力で汕頭」
013 バスに揺られて「自力で温州」

【車輪はつばさ】
南インドのアイラヴァテシュワラ寺院には建築本体に車輪がついていて寺院に乗った神さまが人びとの想いを運ぶと言います。

・本書はオンデマンド印刷で作成されています。
・本書の内容に関するご意見、お問い合わせは、発行元の
　まちごとパブリッシング info@machigotopub.com までお願いします。

まちごとチャイナ
遼寧省008瀋陽駅と市街地
〜満鉄附属地と憧憬の「奉天」［モノクロノートブック版］

2017年11月14日　発行

著　者	「アジア城市（まち）案内」制作委員会
発行者	赤松　耕次
発行所	まちごとパブリッシング株式会社
	〒181-0013　東京都三鷹市下連雀4-4-36
	URL http://www.machigotopub.com/
発売元	株式会社デジタルパブリッシングサービス
	〒162-0812　東京都新宿区西五軒町11-13
	清水ビル3F
印刷・製本	株式会社デジタルパブリッシングサービス
	URL http://www.d-pub.co.jp/

MP161

ISBN978-4-86143-295-8 C0326　　　　Printed in Japan
本書の無断複製複写（コピー）は、著作権法上での例外を除き、禁じられています。